Die Welt ausmalen: Das Malbuch für Erwachsene mit Fernweh

Komplette Entspannung und Stressabbau durch das Bemalen von zauberhaften Motiven exotischer Orte

Erste Auflage

Kreative Malfabrik

ANLEITUNG

Reisen Sie und verleihen Sie der Welt Farbe, während Sie gemütlich in Ihrem Wohnzimmer entspannen.

Die Arbeit und täglichen Herausforderungen können sehr stressreich sein. Oft sehnt man sich nach dem nächsten Urlaub. Mit diesem neuen Malbuch erleben Sie spannende Reisen wann immer Sie möchten - ganz gemütlich von Ihrem Zuhause aus.

In dieser Ausgabe verleihen Sie berühmten Sehenswürdigkeiten und Tieren von den beliebtesten Reisezielen und exotischen Ländern Farbe.

Denn dieses Malbuch ist besonders für Reiseliebhaber gestaltet. Sie entdecken spannende neue Orte, während Sie zuhause malen.

Jedes Motiv wird von informativen Texten begleitet, so erfahren Sie Wissenswertes über die Hintergründe der Sehenswürdigkeiten, Länder und Tiere.

Das Malbuch enthält insgesamt 24 Malvorlagen von spannenden Orten aus 12 verschiedenen Ländern. Es sind teilweise komplexe Motive der wichtigsten

Sehenswürdigkeiten oder Tiere typisch für das jeweilige Reiseziel.

INHALTSVERZEICHNIS

1. ANTARKTIS **5**

    1.1 Pinguin 5

    1.2 Buckelwal 5

2. BRASILIEN **9**

    2.1 Christusstatue und Zuckerhut 9

    2.2 Anakonda 9

3. ÄGYPTEN **13**

    3.1 Pyramiden von Gizeh 13

    3.2 Pharaomaske des Tutanchamun 13

4. INDIEN **17**

    4.1 Taj Mahal 17

    4.2 Elefant 17

5. JAPAN **21**

    5.1 Mt Fuji und Rote Pagode 21

    5.2 Winkekatze-Talisman 21

6. MEXIKO **25**

    6.1 Pyramide des Kukulkan 25

    6.2 Tukan 25

7. MAROKKO **29**

    7.1 Eingang des Old Royal Palace 29

    7.2 Kamel 29

8. NEPAL **33**

    8.1 Boudhanath Stupa Kathmandu 33

    8.2 Yaks 33

9. SPANIEN **37**

    9.1 Barcelona 37

    9.2 Stierkampf 37

10. SWEDEN **41**

    10.1 Wikinger-Drachenschiffe 41

    10.2 Elchbulle 41

11. SCHWEIZ **45**

    11.1 Gipfel des Matterhorn 45

    11.2 Alpensteinbock 45

12. GRIECHENLAND **49**

    12.1 Santorini 49

    12.2 Zentaur 49

Kreative Malfabrik

1.   ANTARKTIS

Die weiße Wildnis der Antarktis, mit ihrer surrealen Abgeschiedenheit, Gebirgsketten, riesigen Eismassen und exotischen Lebensformen, ist mit keinem anderen Ort vergleichbar. Die Reisezeit wird hier anhand von Eis und Wetter bestimmt, anstatt von Kalendern. Reisenden ist es mittlerweile sogar möglich, die antarktischen Gipfel zu besteigen.

1.1 Pinguin

Die Antarktis ist Heimat einiger der außergewöhnlichsten Arten auf unserem Planeten, wie dem Kaiserpinguin. Besucher beobachten für gewöhnlich mit Begeisterung die Pinguinkolonien und wie die Tiere miteinander spielen und Spaß im Wasser haben.

1.2 Buckelwal

Zu den beliebtesten Tierbeobachtungen bei Besuchern der Antarktis zählt auch ein friedlicher Riese der Ozeane, der Buckelwal. Die Wale werden 12 bis 16 m lang und wiegen rund 36.000 kg.

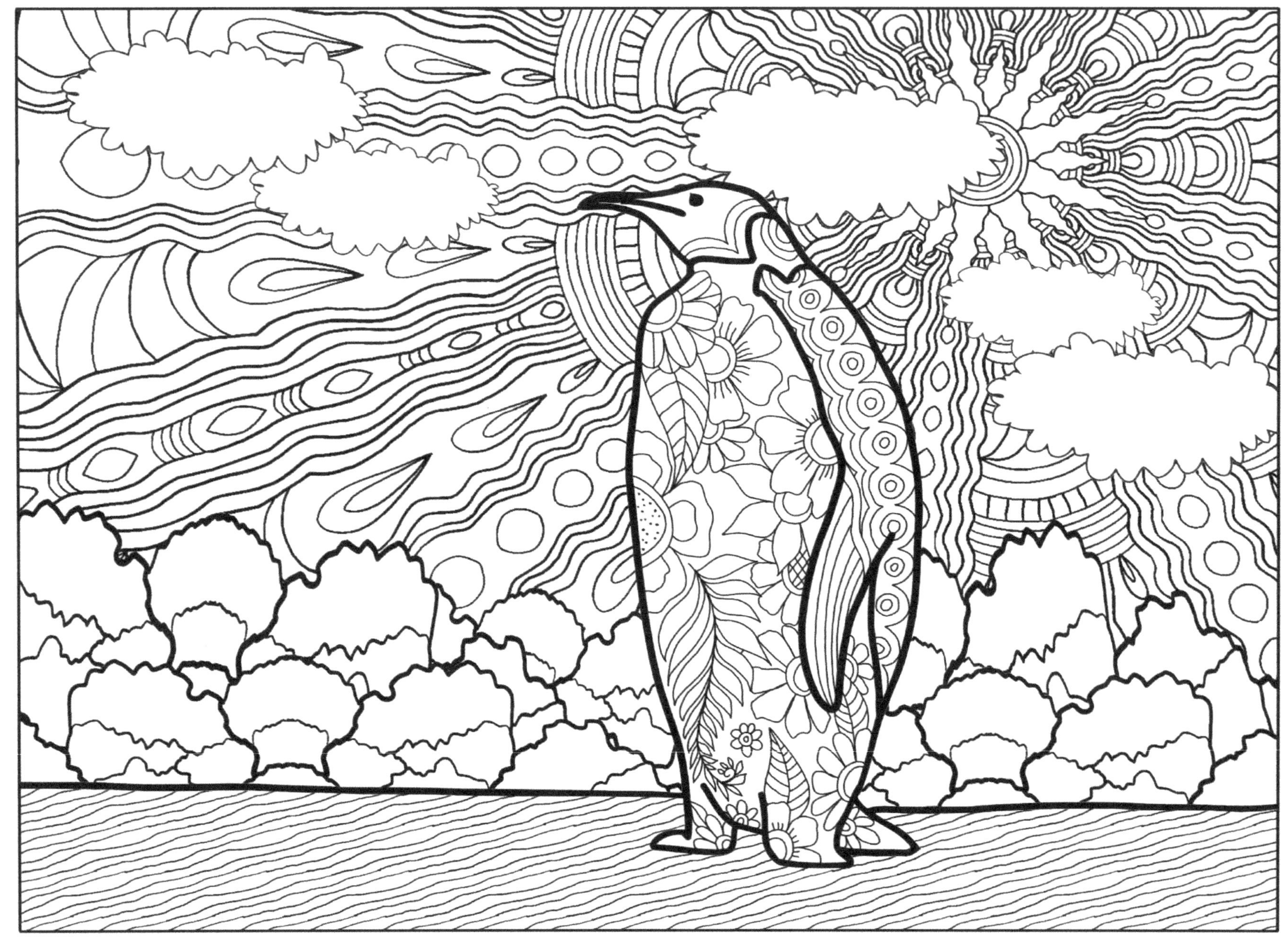

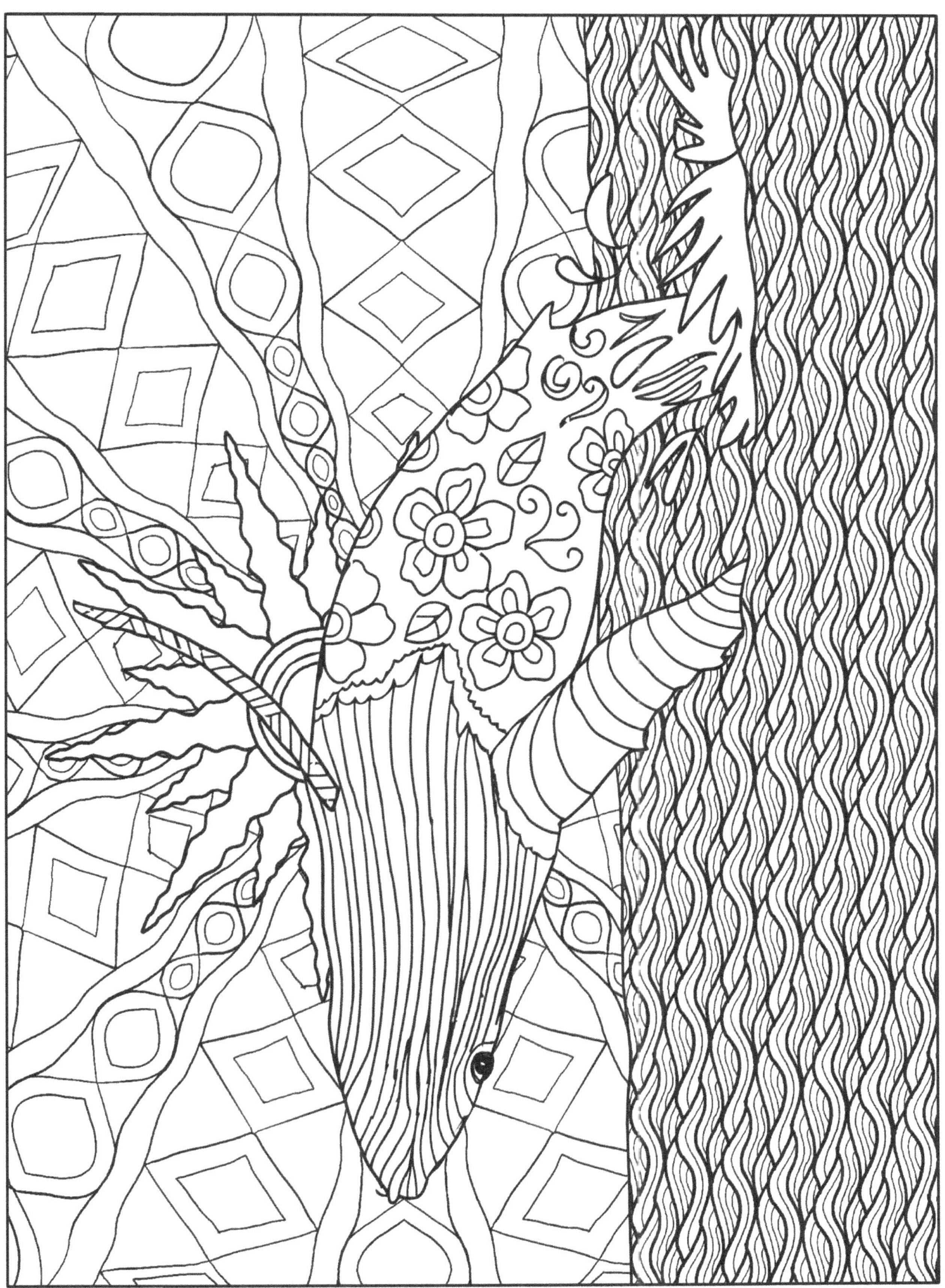

2.   BRASILIEN

Brasilien befindet sich im Atlantischen Ozean und ist das fünftgrößte Land der Welt mit ausgedehnten Wasser-Reservoirs. Es beheimatet auch den größten Wald der Erde sowie Flora, Fauna und Mineralien mit immensem Wert für unseren Planeten. Brasilien ist zudem für seine bunte und interessante Kultur bekannt.

2.1 Christusstatue und Zuckerhut

Der Zuckerhut ist ein Felsen, der sich westlich der Guanabara-Bucht in Rio de Janeiro, Brasilien, 396 m über den Meeresspiegel erhebt. Sein portugiesischer Name stammt von der traditionellen Form der sogenannten Zuckerbrote. Der Zuckerhut zählt zum UNESCO Weltkulturerbe und ist ein monolithischer Granit und Quarzberg.

2.2 Anakonda

In Brasilien sind die größten und schwersten Anakondas der Welt beheimatet. Sollten Sie dieses Land besuchen und ein Fan dieser Tiere sein, versuchen Sie eine zu erspähen. W. L. Schurz behauptete eine Anakonda mit erstaunlichen 8,46 m und einem maximalen Umfang von 115 cm im Jahr 1963 in Brasilien gesichtet zu haben.

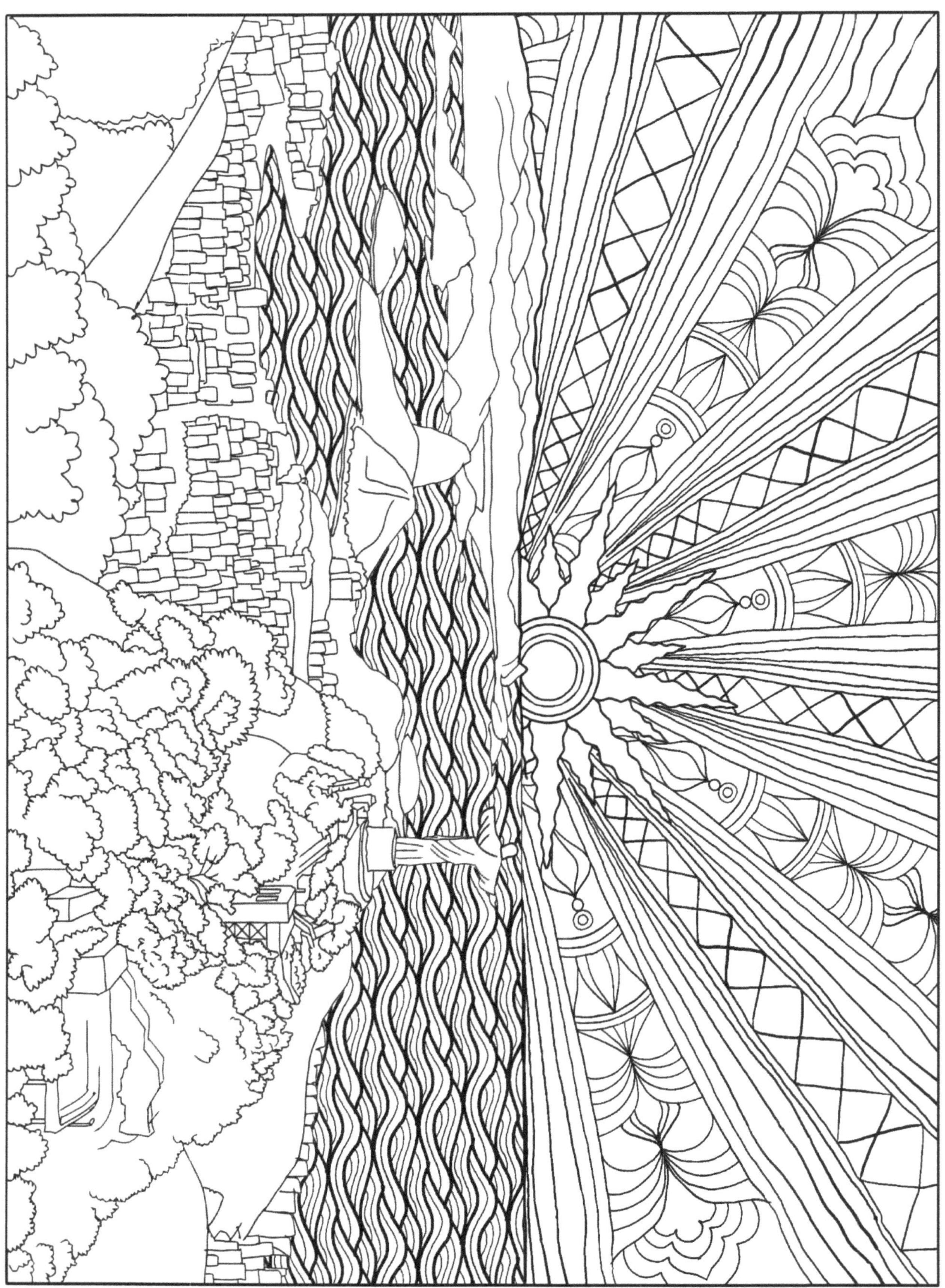

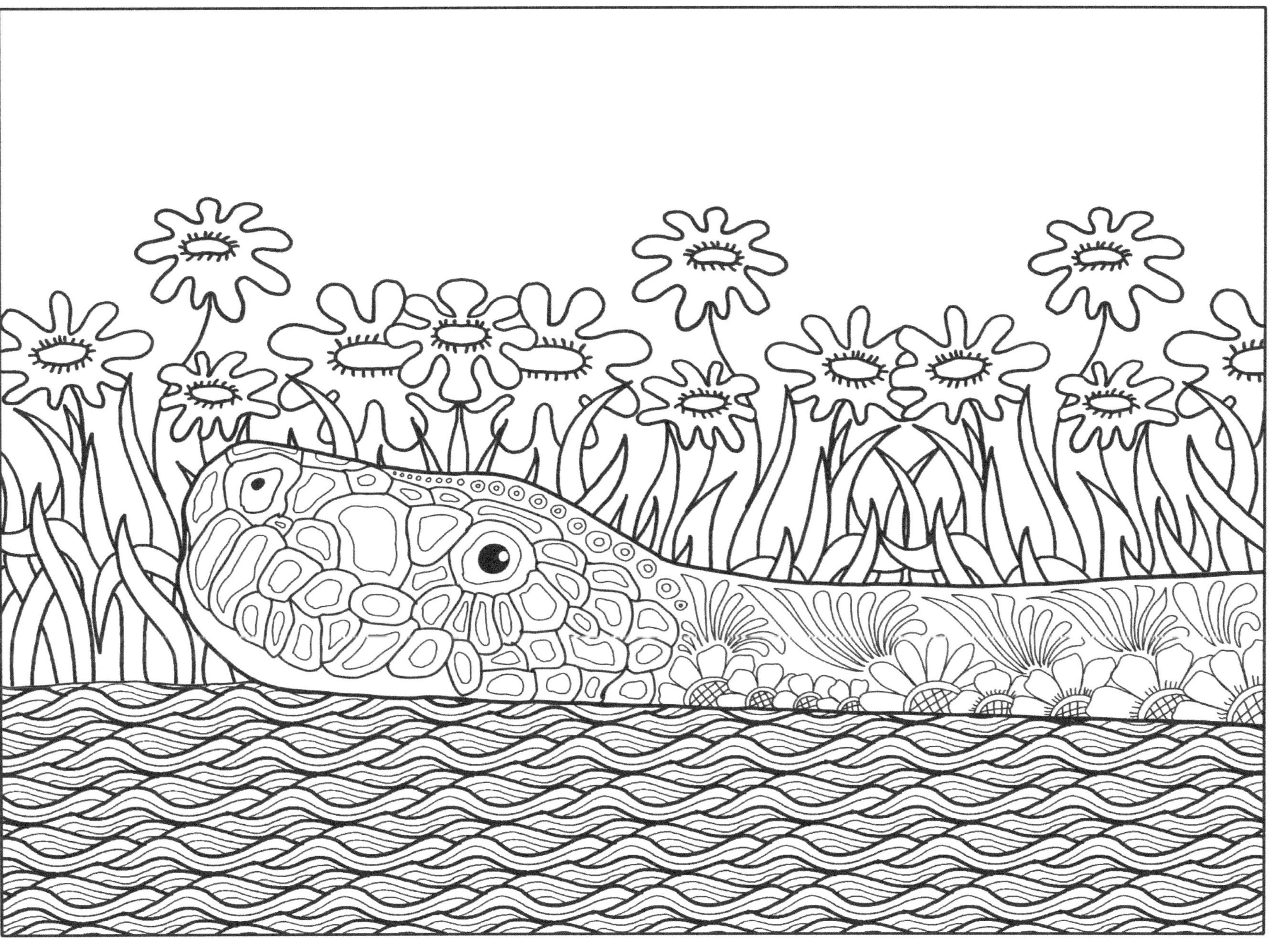

3.   ÄGYPTEN

Ägypten befindet sich am Ufer des gewaltigen Nils und beherbergt faszinierende Monumente, wie die Pyramiden und Tempel, die den Entdecker in Ihnen hervorbringen. Die spektakulären Monumente besichtigt man am besten vom Fluss aus, eine Kreuzfahrt am Nil ist daher die beliebteste Variante, durch das Land zu reisen.

3.1 Pyramiden von Gizeh

Man befindet sich auf einer zeitlosen Reise, während man die kargen Pyramiden und sandbedeckten Gräber sowie die hoch aufragenden pharaonischen Tempel besichtigt, die bestimmt in jedem den Entdecker wecken. Die Ägyptischen Pyramiden sind ein historisches Wunder, aufgrund ihrer Bedeutung und Architektur, die jedes Jahr Millionen von Besucher anziehen.

3.2 Pharaomaske des Tutanchamun

Tutanchamuns Maske ist die Totenmaske des ägyptischen Pharaos Tutanchamun der 18. Dynastie. Sie ist im Ägyptischen Museum in Kairo ausgestellt, nachdem sie 1925 von Howard Carter entdeckt wurde. Nachforschungen haben ergeben, dass die Maske möglicherweise ursprünglich der Königin gehörte, da sich ihr Name teilweise ausradiert auf der Innenseite der Maske befindet.

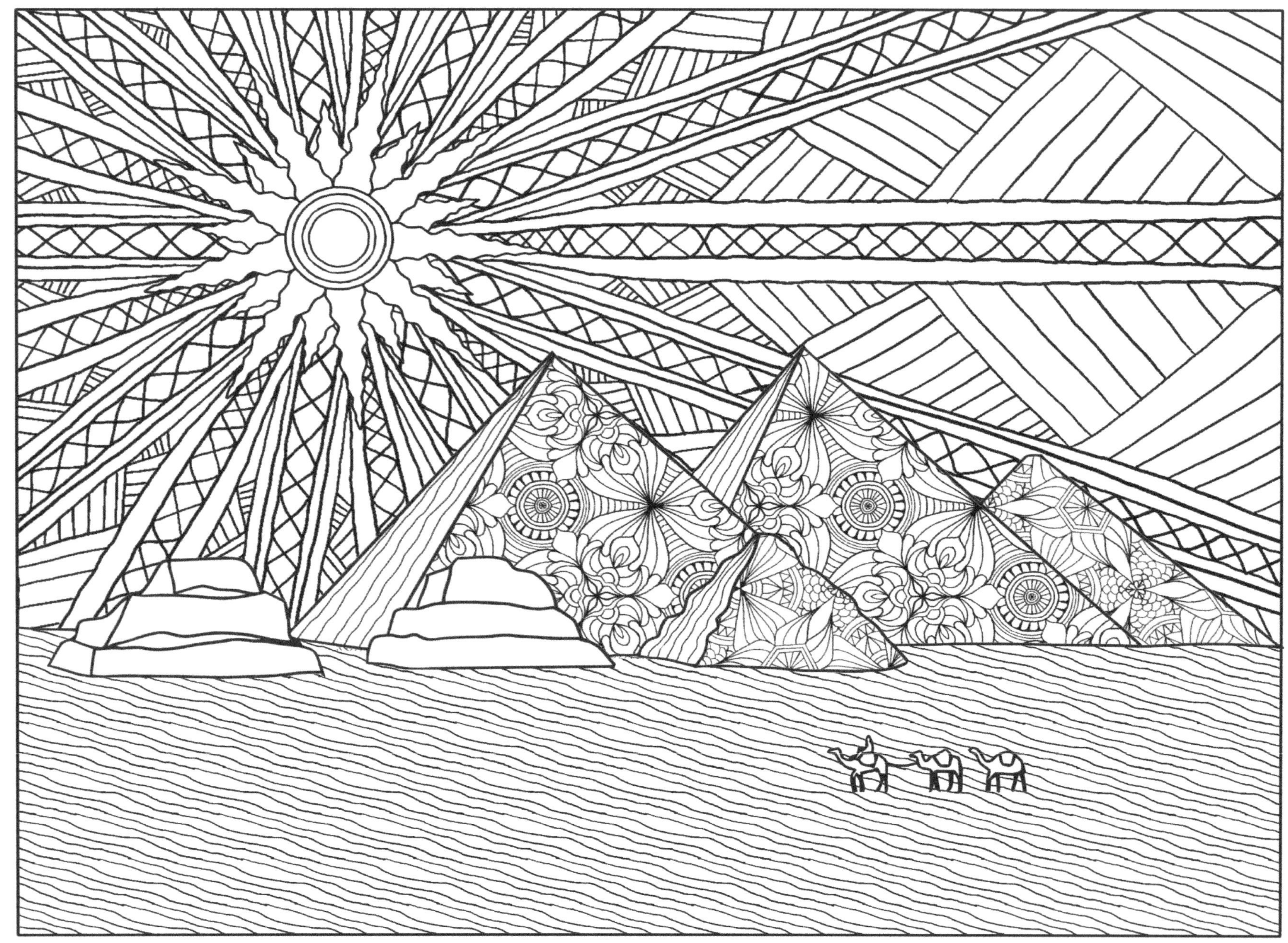

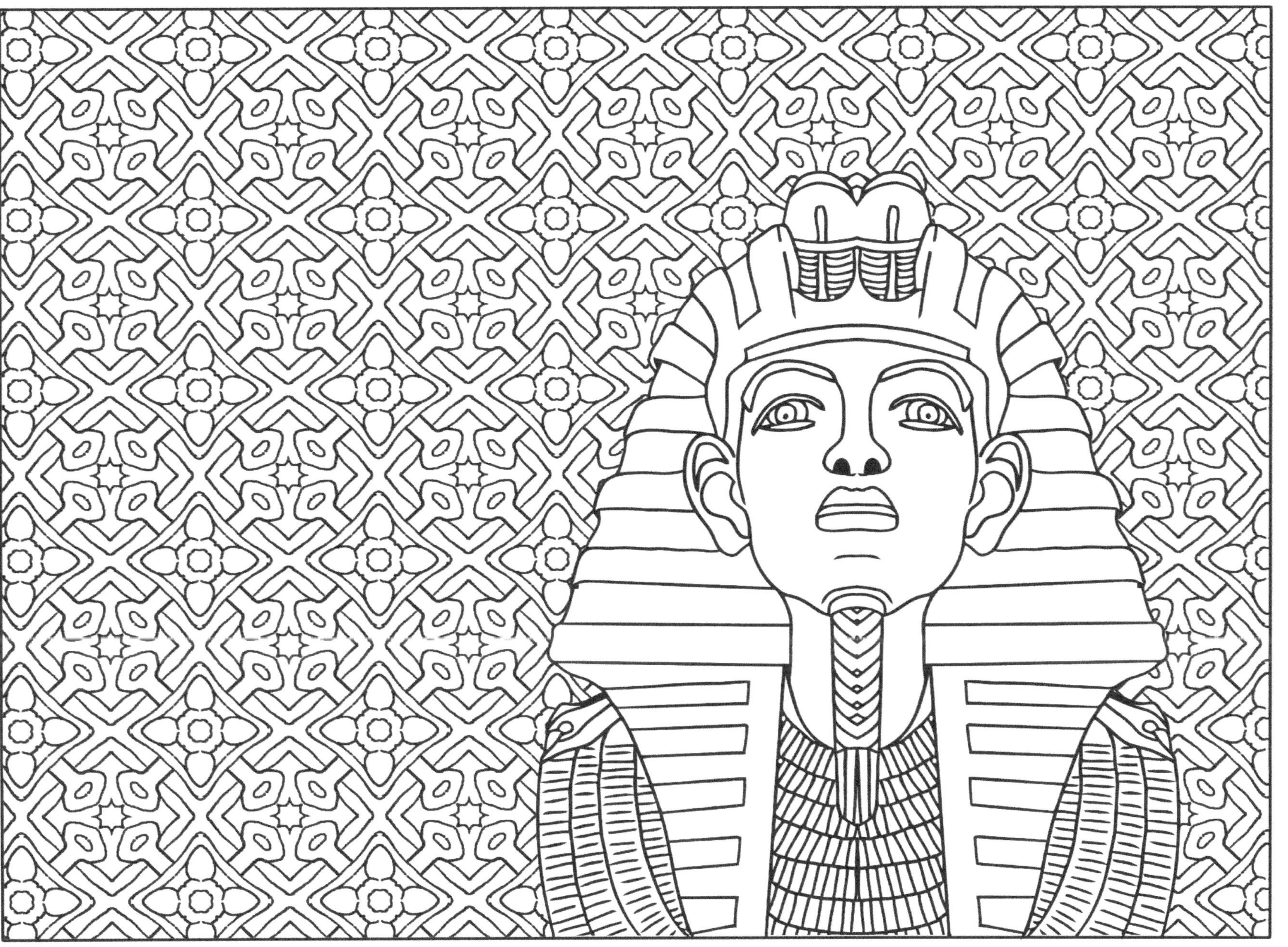

4. INDIEN

Indien fasziniert sowohl hinsichtlich seiner Kultur als auch Geographie. Es ist eines der vielsprachigsten Länder der Welt und verfügt über viele riesige Metropolen. Einige der größten internationalen Events, wie das Kumbh Festival, finden in Indien statt und es beherbergt eines der schönsten Wahrzeichen der Welt, das Taj Mahal.

4.1 Taj Mahal

Das Taj Mahal ist das beeindruckendste indische Bauwerk. Mogulkaiser Shah Jahan lies es in Erinnerung an seine geliebte Frau erbauen. Es ist das herausragendste Werk der Mogul-Architektur, die indische, persische und islamische Einflüsse vereint. Das Taj Mahal zählt zum UNESCO Weltkulturerbe und ist eines der berühmtesten Gebäude der Welt.

4.2 Elefant

Der Elefant wurde erst kürzlich von der Regierung Indiens zum Nationaltier ernannt, um Maßnahmen zu seinem Schutz zu verbessern. Ein sehr wichtiger Schritt, denn der indische Elefant ist vom Aussterben bedroht.

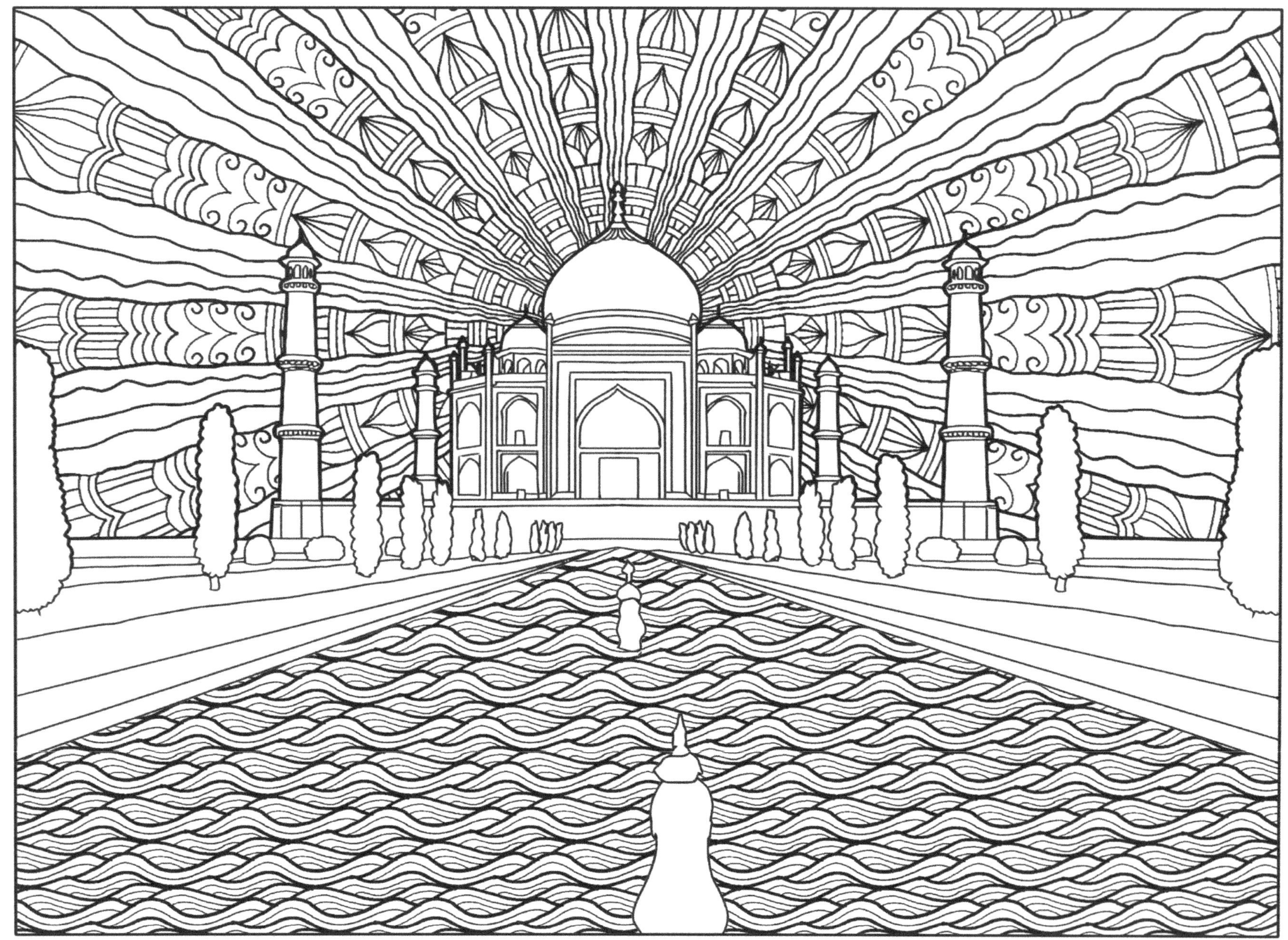

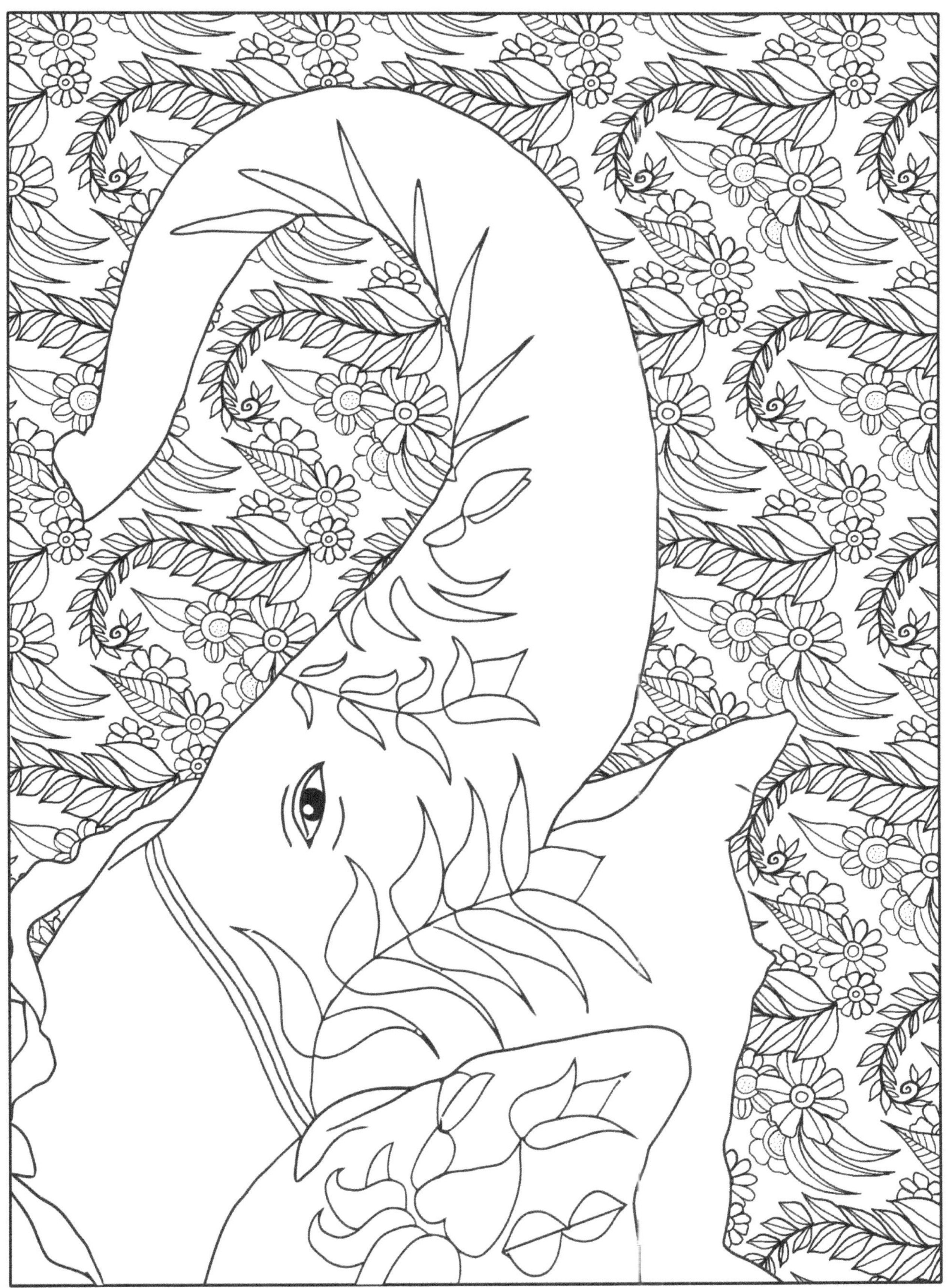

5. JAPAN

Japan, auch als das „Land der aufgehenden Sonne" bekannt, besteht insgesamt aus mehr als 6.800 Inseln im Pazifischen Ozean. Diese bilden fast 97 % der gesamten Fläche des Landes. Japan ist die drittgrößte Volkswirtschaft der Welt, mit einem gemäßigten Klima, wobei aufgrund der Länge von 3.000 km von Norden bis Süden deutliche Temperaturunterschiede bestehen.

5.1 Mt Fuji und Rote Pagode

Mt Fuji, 2013 zum UNESCO Weltkulturerbe erklärt, ist Japans höchster Berg und eine der beliebtesten Touristenattraktionen des Landes. Den besten Blick auf den Berg erhält man von der Chureito-Pagode in der Präfektur Yamanashi. Dies ist ein wahrlich sehenswerter Ort.

5.2 Winkekatze-Talisman

Maneki Neko, was so viel bedeutet wie „Winkekatze", ist ein Talisman in Form einer Katze, der sowohl in der japanischen als auch der chinesischen Kultur beliebt ist. Die Winkekatze soll ihrem Besitzer Glück bringen. Ihre erhobene Pfote zeigt Glück an und wird von den Leuten als Glücksbringer z. B. in ihren Restaurants, Läden etc. aufgestellt.

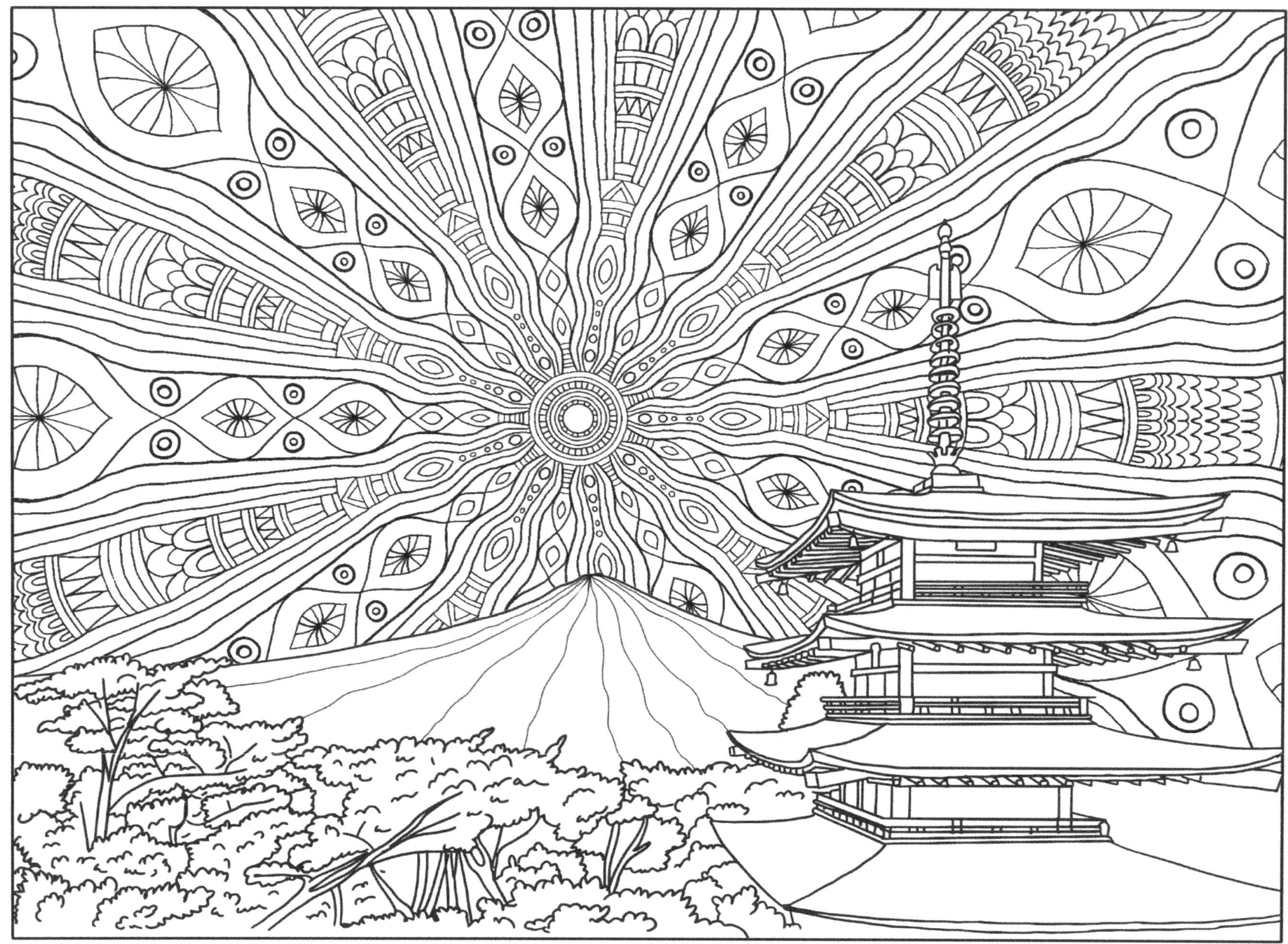

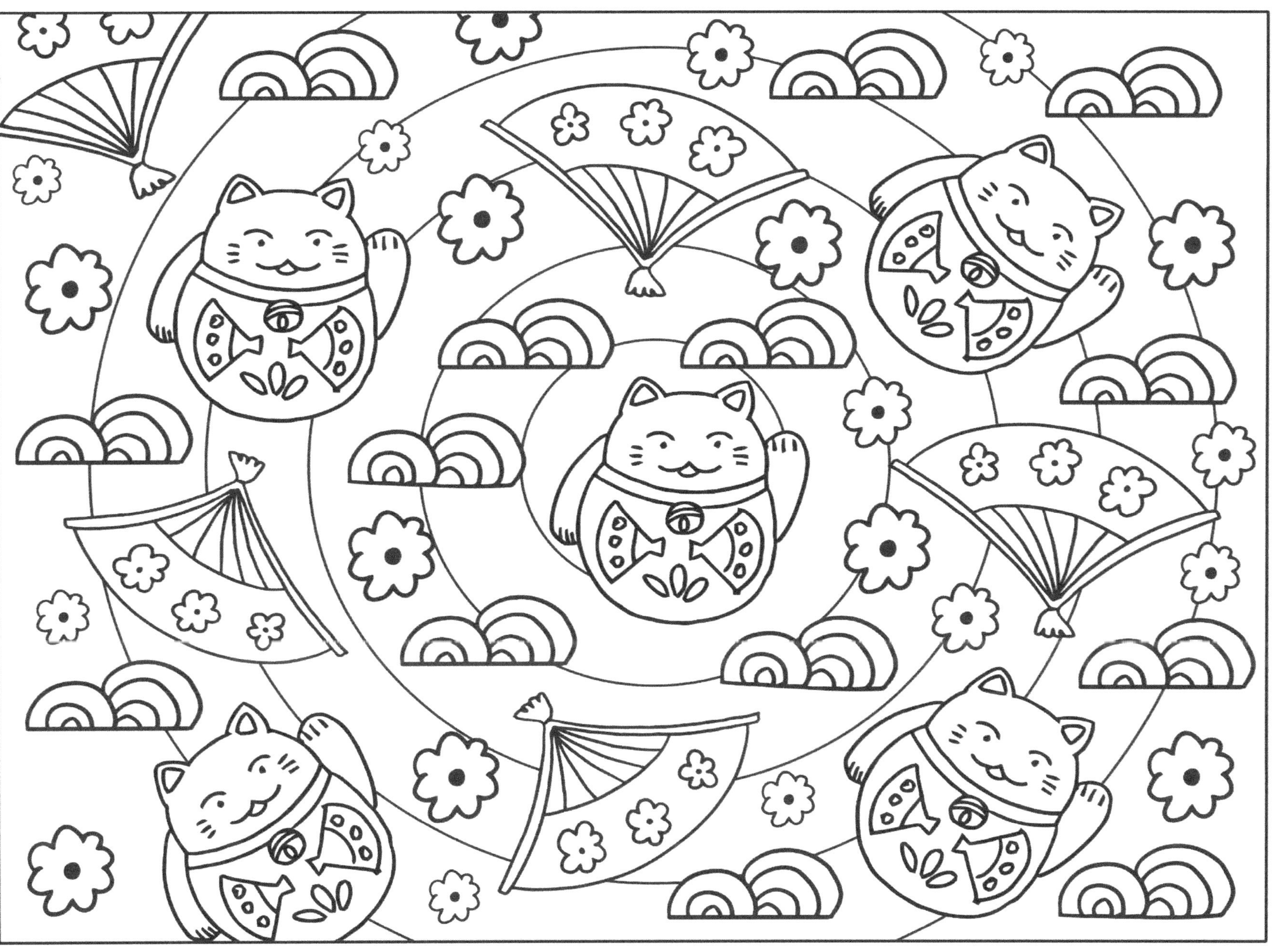

6.   MEXIKO

Mexiko gehört zu Nordamerika und verfügt über Küsten am Nordpazifik, Golf von Mexiko und in der Karibik. Das Land wird von zwei Gebirgsketten durchzogen, der Sierra Madre Oriental und der Sierra Madre Occidental. Es verfügt zudem über eine sehr interessante Kultur mit zahlreichen Festivitäten das ganze Jahr über.

6.1 Pyramide des Kukulkan

El Castillo, auch als Tempel von Kukulkan bekannt, ist eine mesoamerikanische Stufenpyramide im Zentrum der archäologischen Stätte Chichen Itza in Yucatán. Sie besteht aus zahlreichen quadratischen Terrassen und Stiegen, die zu jeder der vier Seiten des Tempels führen.

6.2 Tukan

Mexiko bietet verschiedensten Vogelarten ein Zuhause, darunter auch den berühmten Tukanen. Unverwechselbar machen diese erstaunlichen Vögel der große orange Schnabel, die schönen blaue Augen und ein schwarz-weißes Gefieder. Ihre Schnäbel werden 15 bis 23 cm lang.

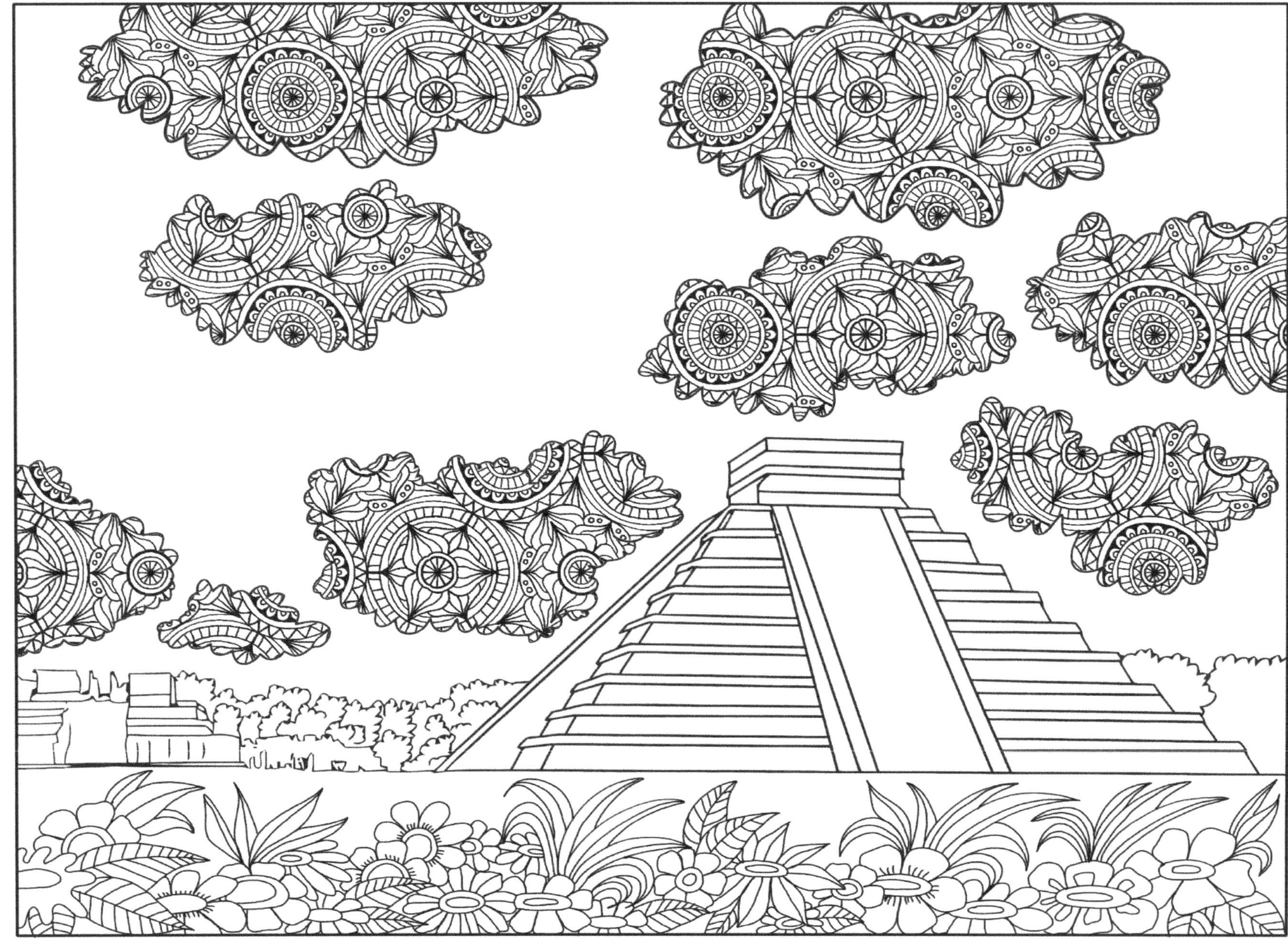

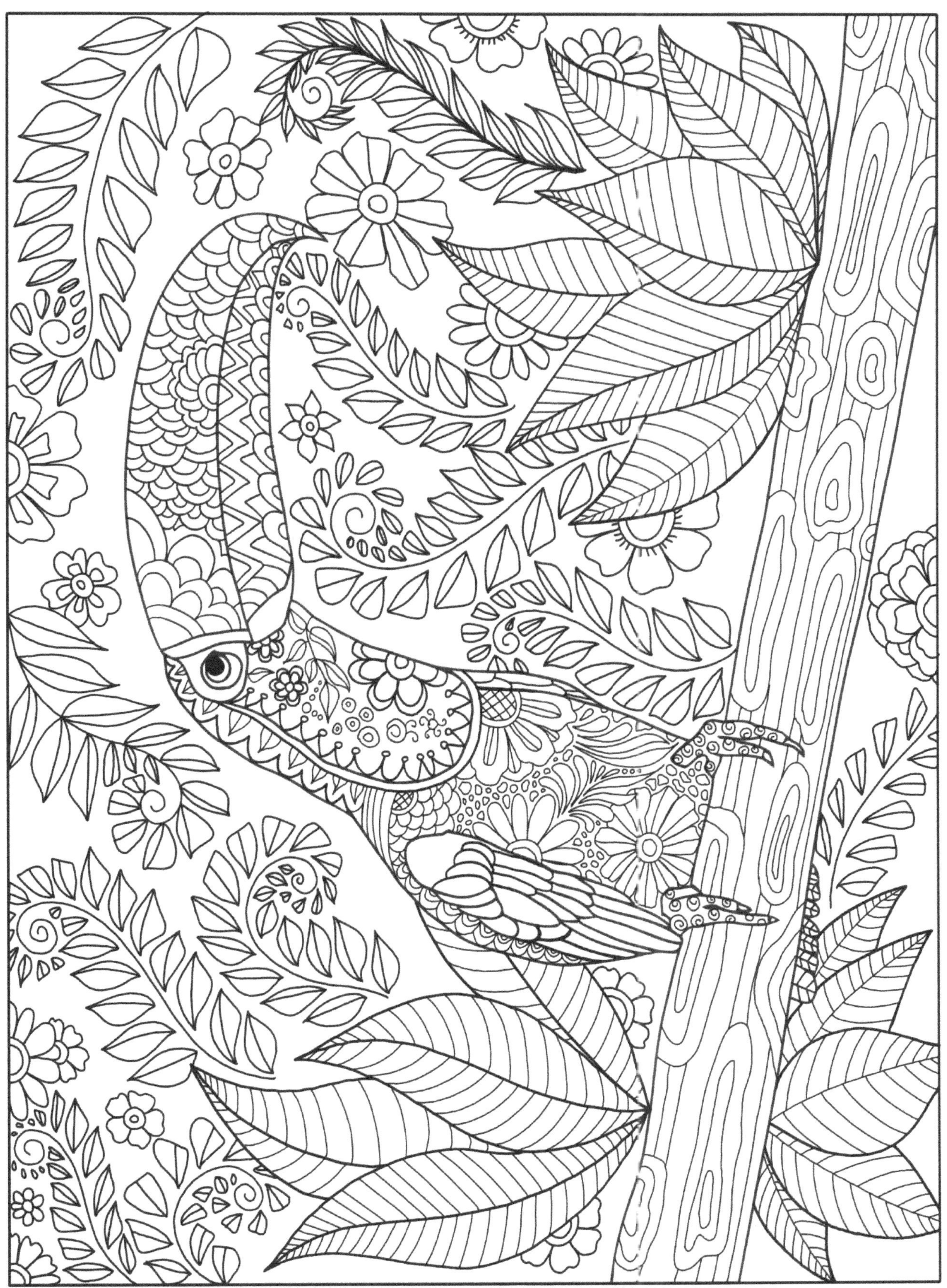

7.   MAROKKO

Marokko befindet sich in Nordafrika, mit Küsten am atlantischen Meer, an der Straße von Gibraltar und dem Mittelmeer. Das Land ist gebirgig und vielseitig mit historischen Städten, ausgedehnten Wüsten und besonderer Gastfreundschaft. Es hat eine jugendliche und starke nationale Identität, aufgrund der arabischen und berberischen Bevölkerung.

7.1 Eingang des Old Royal Palace

Der Royal Palace von Rabat, umgeben von französischen Gärten, dient als Residenz der marokkanischen Königsfamilie. Er wurde 1864 erbaut und war bisher Schauplatz zahlreicher wichtiger Events, wie einer königlichen Hochzeit. Der Palast wurde von französischen Architekten, inspiriert von arabischen Bauwerken, entworfen.

7.2 Kamel

Kamele haben für gewöhnlich zwei Höcker, in Marokko ist das anders. Die Kamele hier haben nur einen Höcker und werden Dromedare genannt. Sie sind zum überwiegenden Teil gezähmt und werden von ihren Besitzern betreut. Sogar die Herden, die nicht gezähmt wurden, werden zum Großteil dabei beobachtet, wie sie ihren nomadischen Besitzern folgen.

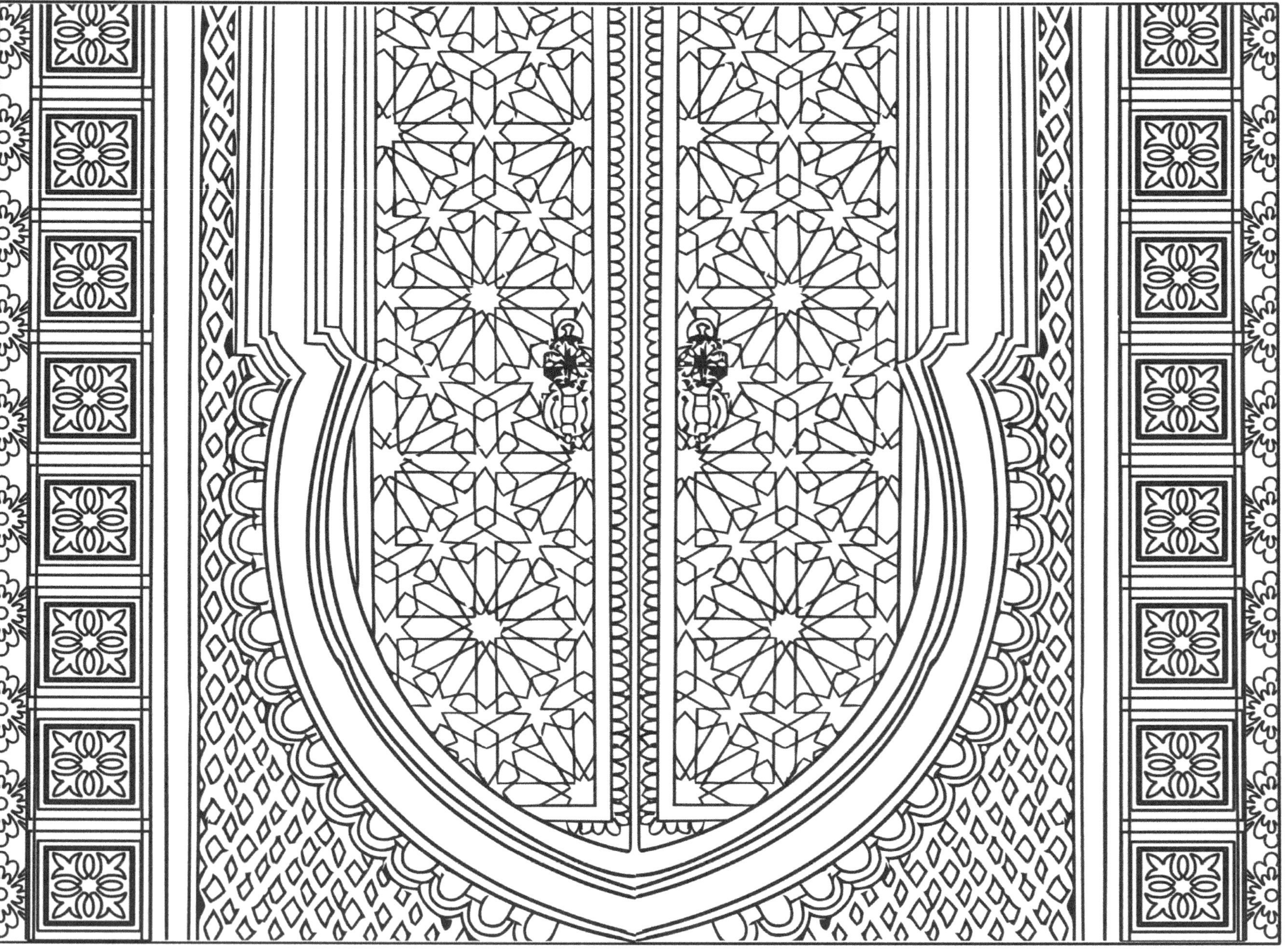

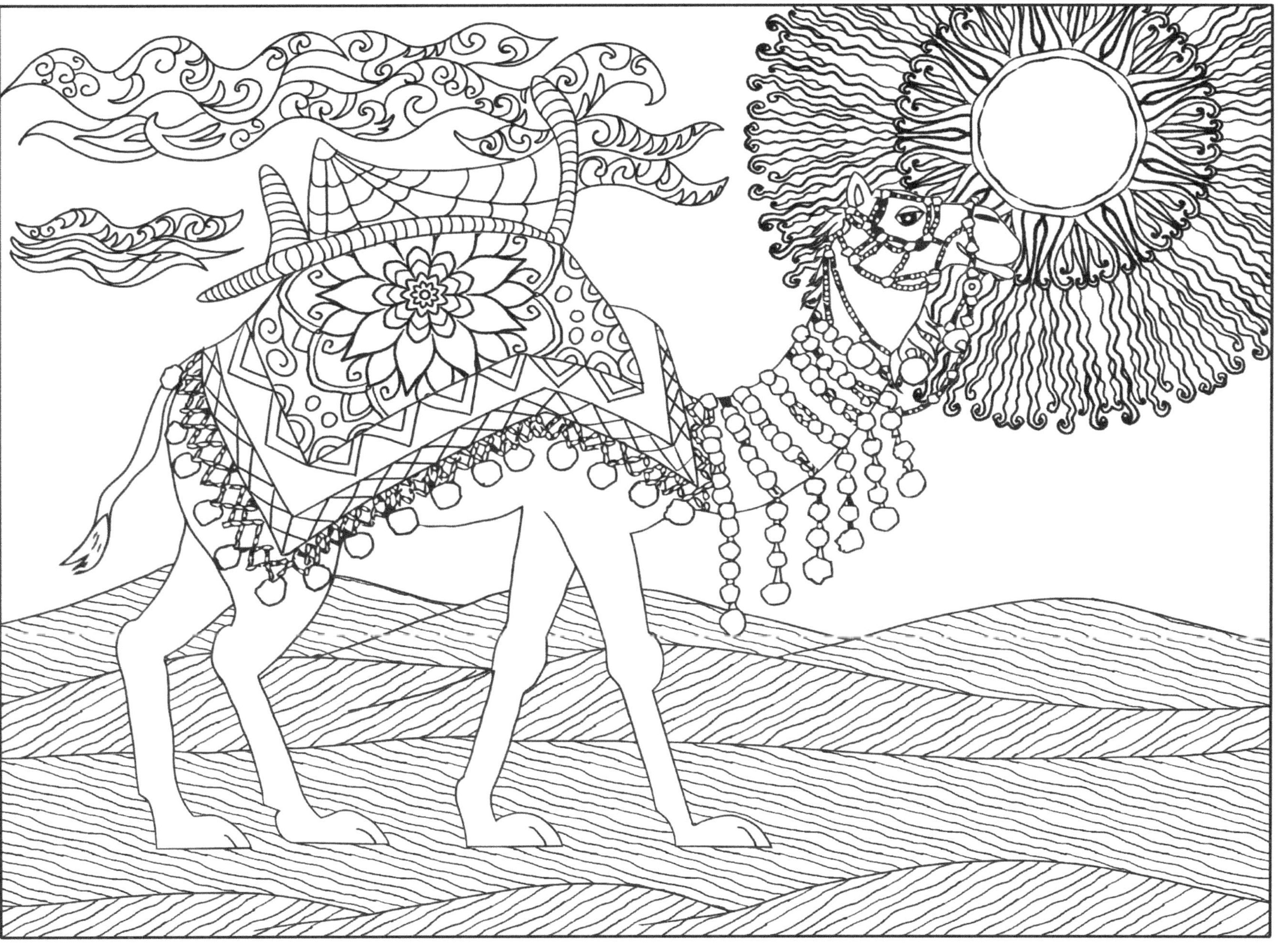

8. NEPAL

Nepal ist ein kleines Land, in dem sich weltberühmte Berge wie der Mount Everest befinden. Einen großen Teil der Fläche des Landes nimmt das Himalaya-Gebirge ein. Nepal ist eines der gastfreundschaftlichsten Länder und ein bedeutendes Reiseland für Bergsteiger und spirituelle Suchende.

8.1 Boudhanath Stupa Kathmandu

Der Stupa von Boudhanath in Kathmandu wird auch „Chorten Chenpo" genannt, was „Großer Turm" oder „Großer Stupa" bedeutet. Er wurde im 14. Jahrhundert erbaut, kurz nachdem Buddha starb, und ist ein bekannter Ort für Meditation, religiöse Gebete und Opfergaben. Der Stupa besteht aus einem buddhistischen pyramidenförmigen Turm auf einer gigantischen Kuppel auf mandalaförmigen Stufen.

8.2 Yaks

Yaks leben für gewöhnlich im Himalaya-Gebiet. Diese Tiere werden mit gewöhnlichen Rindern gekreuzt, um unfruchtbare männliche Dzo und weibliche Dzomo zu erhalten, die produktiver für die Fleischproduktion und Milchwirtschaft sind, als Rinder. Yaks werden auch zum Handeln und als Transporttiere genutzt.

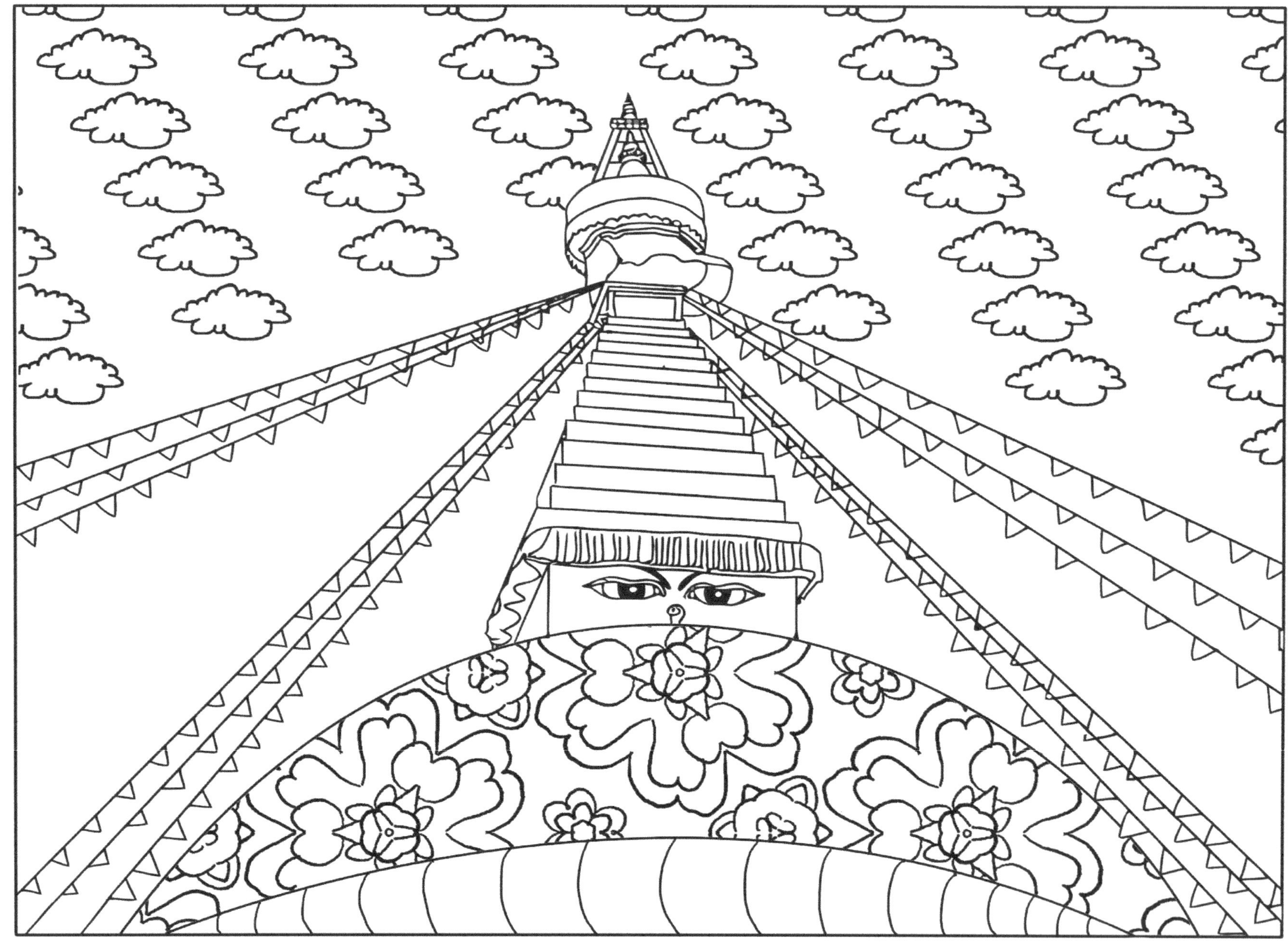

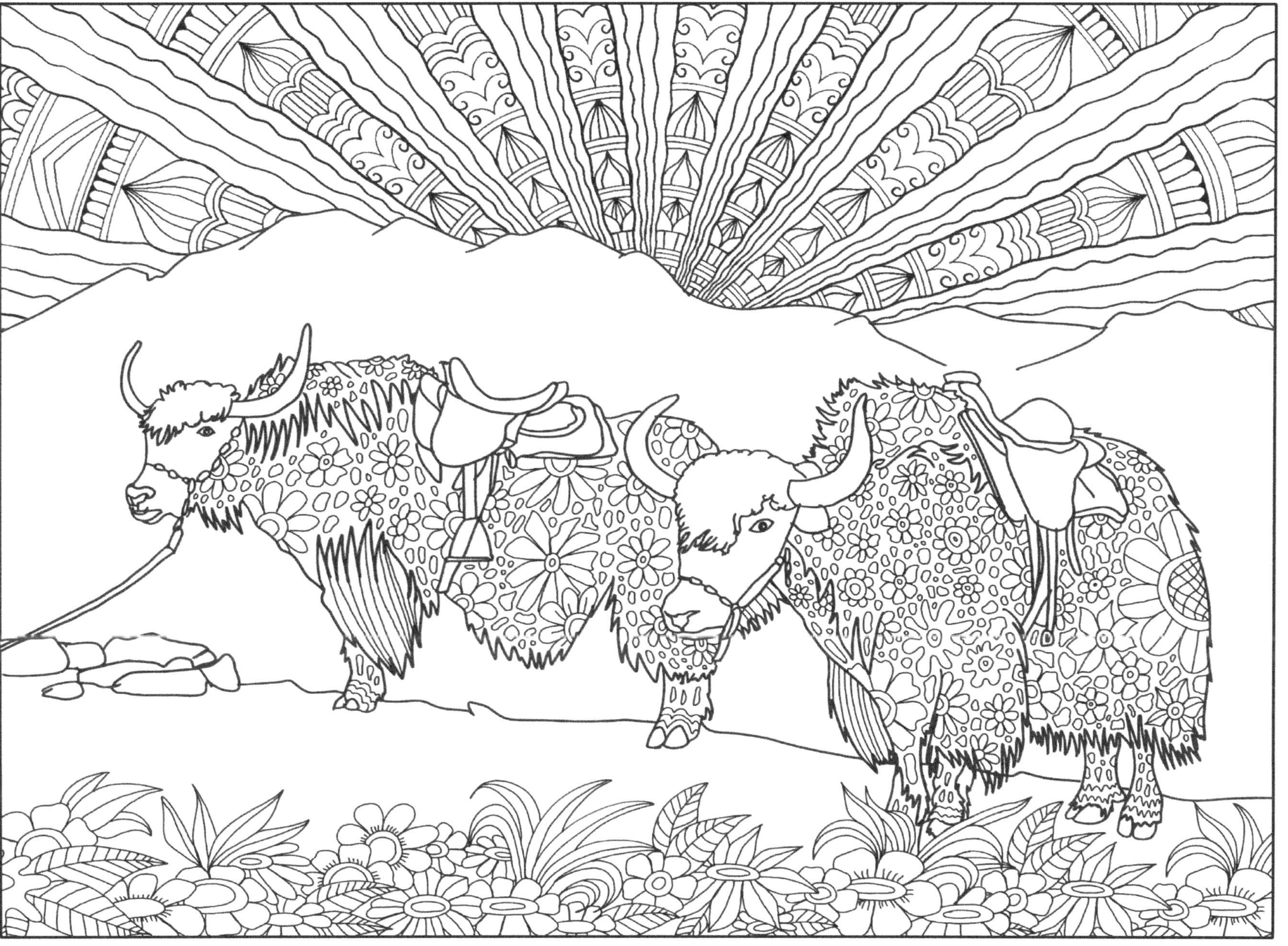

9. SPANIEN

Spanien liegt im Südwesten Europas mit Küsten am Golf von Biskaya, Mittelmeer und Nord-Atlantik. Die Pyrenäen befinden sich an der Grenze Spaniens und der Großteil des Landes liegt auf Hochplateaus. Neben vielen anderen Festivitäten werden in Spanien jedes Jahr die berühmten Stierkämpfe veranstaltet.

9.1 Barcelona

Barcelona ist eine charmante Küstenstadt, die für ihre lebendige Kultur, sagenhafte Architektur und ein interessantes Nachtleben bekannt ist. Barcelonas architektonische Schätze stammen aus einem Zeitraum von mehr als 2.000 Jahren. Hoch hinaufragende Tempelsäulen, historische Stadtmauern und unterirdische Steinkorridore gewähren einen Einblick in die zur Römerzeit noch Barcino genannte Stadt. Das Nachtleben von Barcelona hält grenzenlose Möglichkeiten für seine Besucher bereit.

9.2 Stierkampf

Stierkämpfe sind die größten Veranstaltungen des Landes und entstanden zu Zeiten, als Stiere im Mittelmeerraum und Mesopotamien noch angebetet und geopfert wurden. Die Stierkampf-Saison läuft in Spanien von März bis Oktober und zieht Zuschauer von überall auf der Welt an, die das Spektakel beobachten möchten.

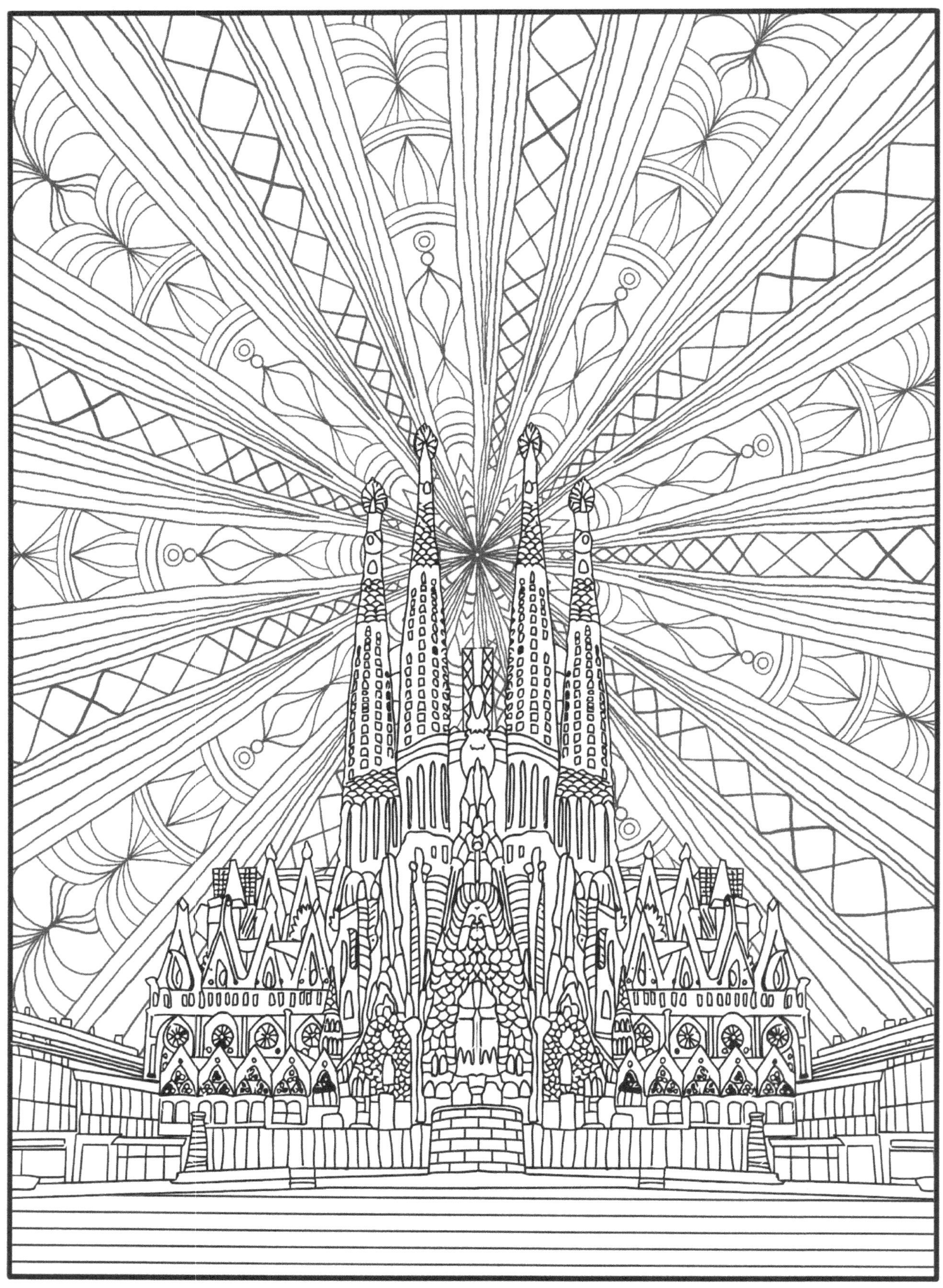

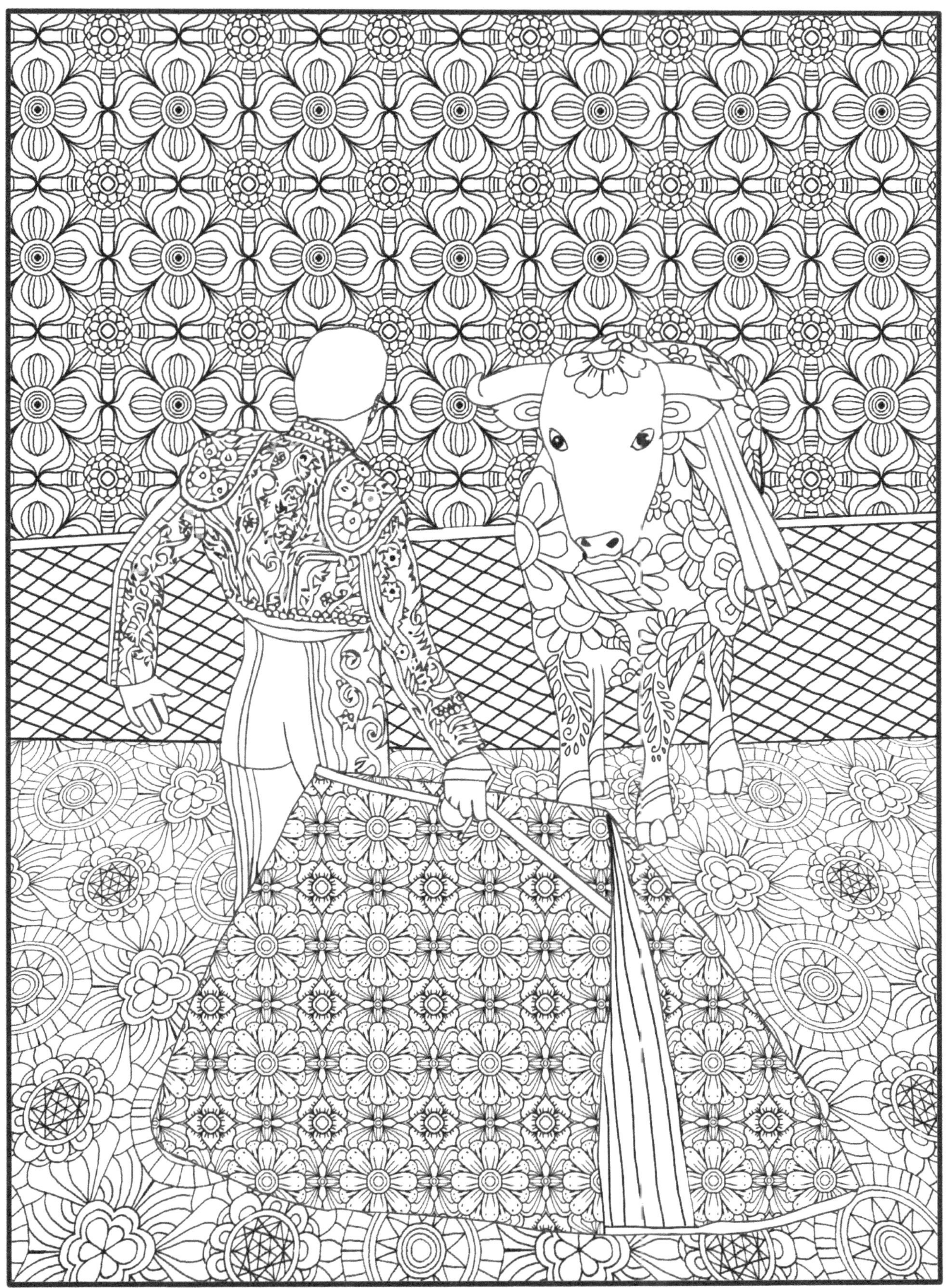

10. SWEDEN

Schweden ist Heimat gefrorener Einöden, ursprünglicher Wälder, von Überlieferungen der Wikinger, felsigen Inseln und gemütlichen Cottages. All das verleiht dem Land seinen besonderen Charakter. Ganz besonders ist die Schönheit der Natur, die man am besten bei Freizeitaktivitäten wie Camping, Wandern, Skifahren, Radfahren, Fischen und auf Bootsausflüge erlebt.

10.1 Wikinger-Drachenschiffe

Die Wikinger-Drachenschiffe sind Seefahrzeuge, die von den Wikingern zu deren Zeit entworfen wurden. Für gewöhnlich sind diese Boote schmal, mit symmetrischen Enden und echtem Kiel. Vom Heck und Bug der Schiffe ragen Drachenköpfe und sie wurden sowohl für militärische Zwecke als auch zum Handel und für Erkundungen verwendet.

10.2 Elchbulle

Der Elch ist ein symbolträchtiges Tier in Schweden. Er steht für die wilde, majestätische und erhabene Schönheit der Natur des Landes. Während der Elch für Besucher eine besondere Faszination ausstrahlt, ist er für die Einheimischen ein eher gewöhnliches Tier. Trotz Jägerei wächst die Elchpopulation, obwohl sie im 19. Jahrhundert bereits vom Aussterben bedroht war.

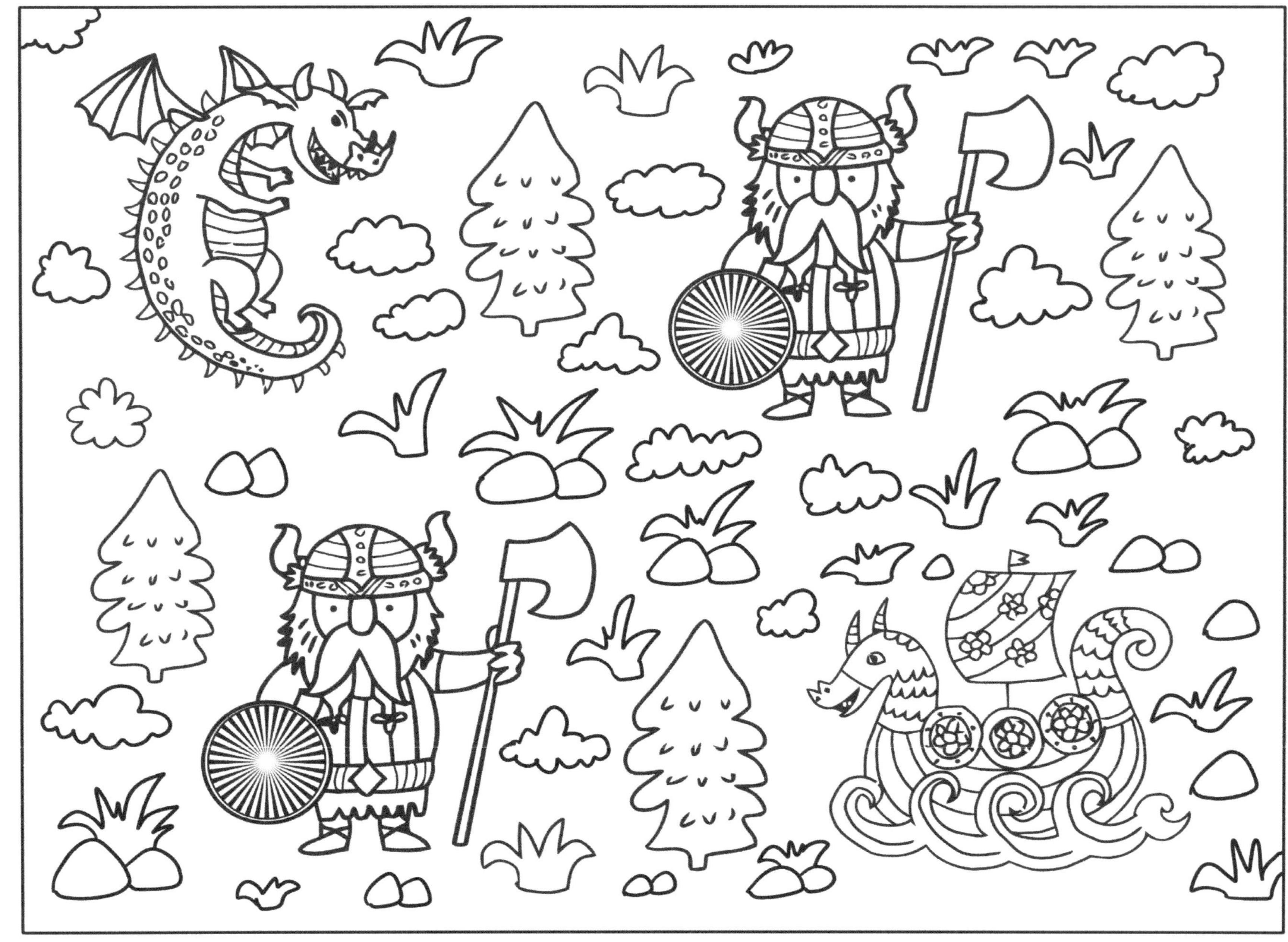

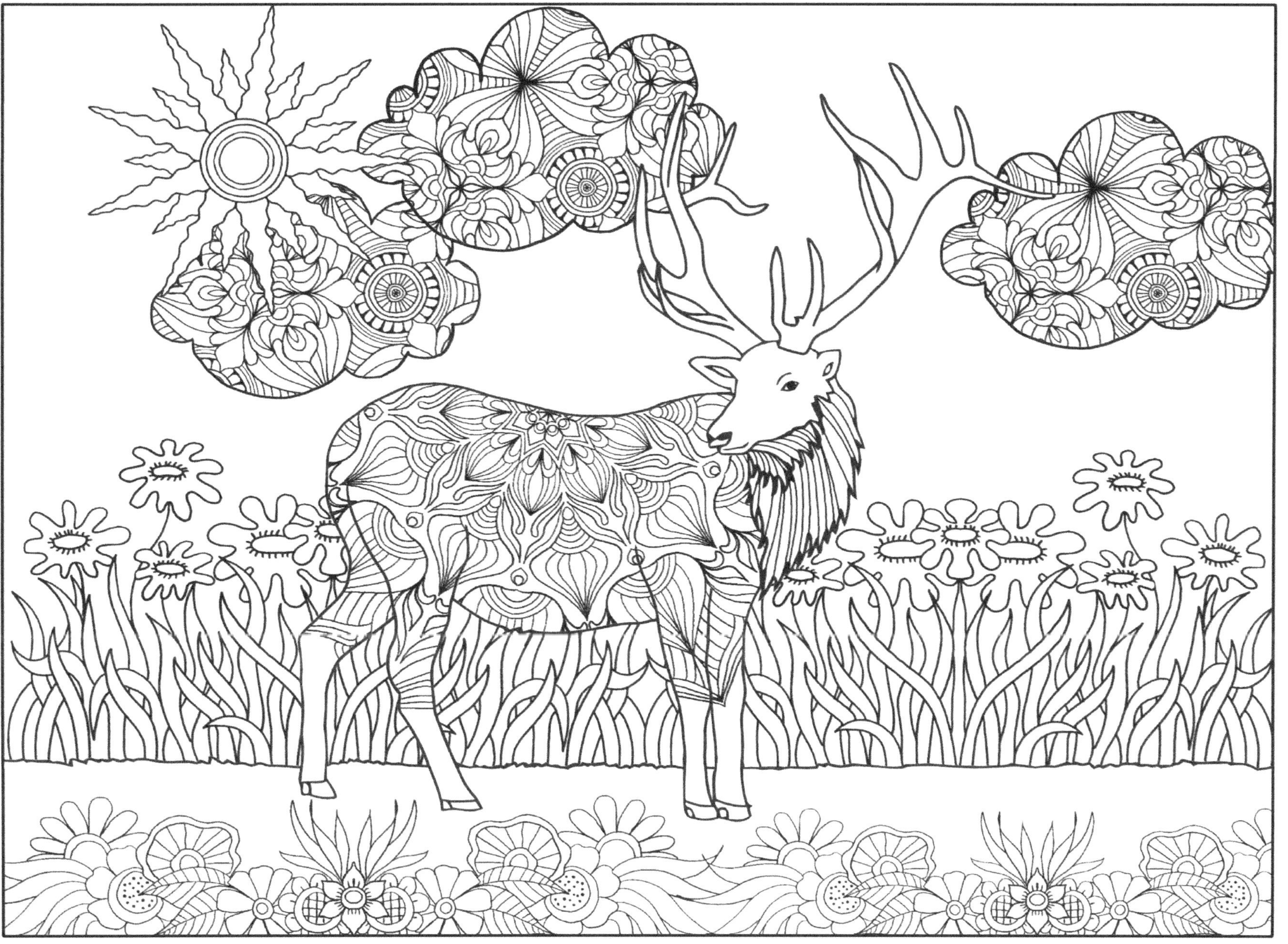

11. SCHWEIZ

Switzerland is located in Central Europe and is a landlocked country. It includes most of the mountains including Jura in the northwest and Alps in the south along with plains, hills and large lakes. It is an extremely beautiful and peaceful country with millions of tourists visiting it every year.

11.1 Gipfel des Matterhorn

Das Matterhorn ist ein mystischer und majestätischer Berg, und als Berg der Berge berühmt. Es bietet ein faszinierendes Panorama, bei Touristen sowie Einheimischen gleichsam beliebt. Der Berg hat die Form eines Dreiecks und steht einsam am Horizont, mit eindrucksvollen Proportionen. Alpinisten fühlen sich hier zuhause und der Anblick ist besonders faszinierend, wenn das Matterhorn von einem Meer aus Wolken umgeben ist.

11.2 Alpensteinbock

Der Alpensteinbock ist eine wilde Ziegenart und in den schweizer Bergen beheimatet. Sie sind grau-braun und die Männchen haben längere und gebogene Hörner. Zumeist leben sie in rauem und steinigem Gelände. Für gewöhnlich sind sie soziale Tiere, obwohl sich die älteren mehr abzusondern scheinen und nur zur Paarung zusammenkommen.

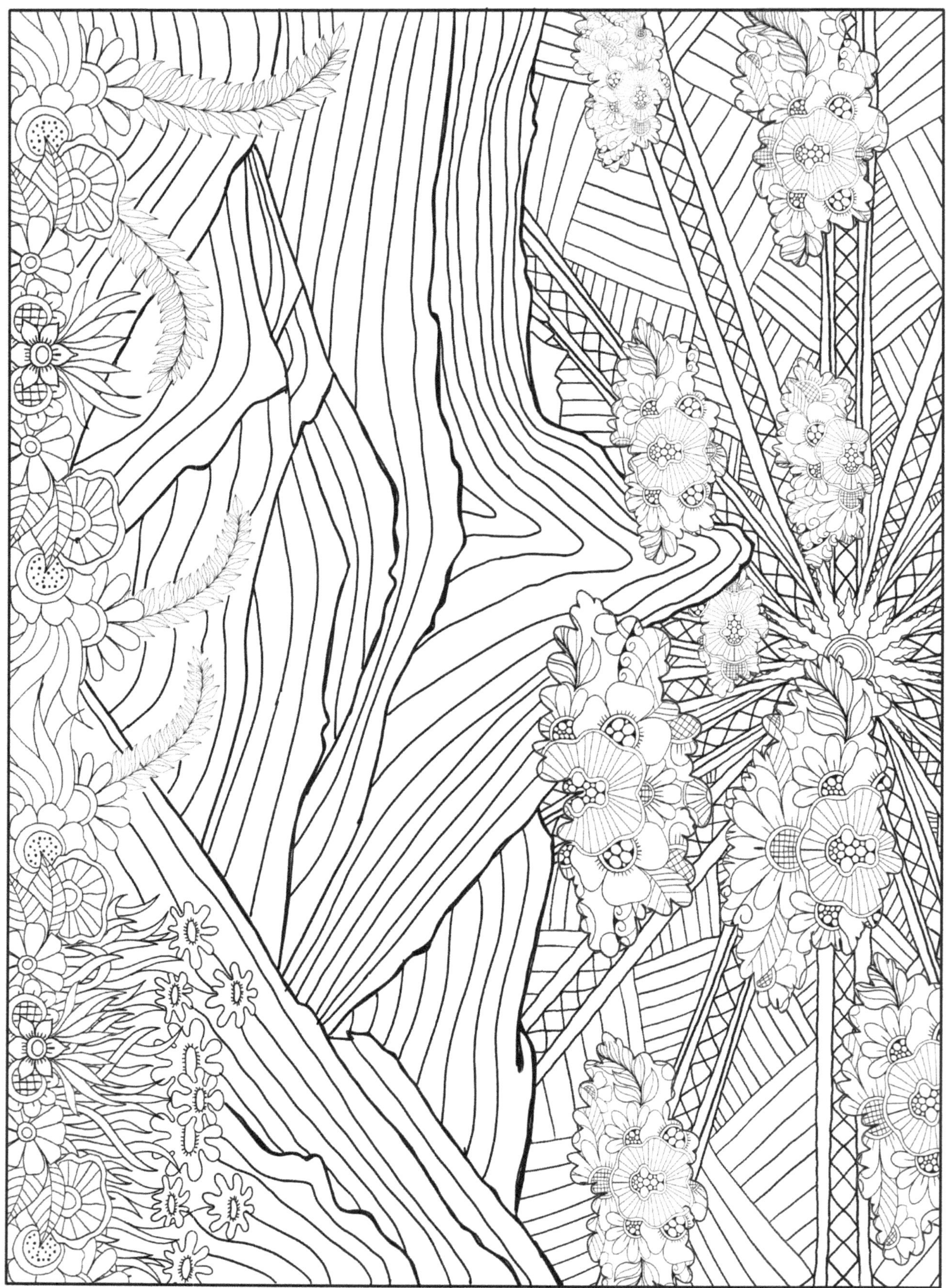

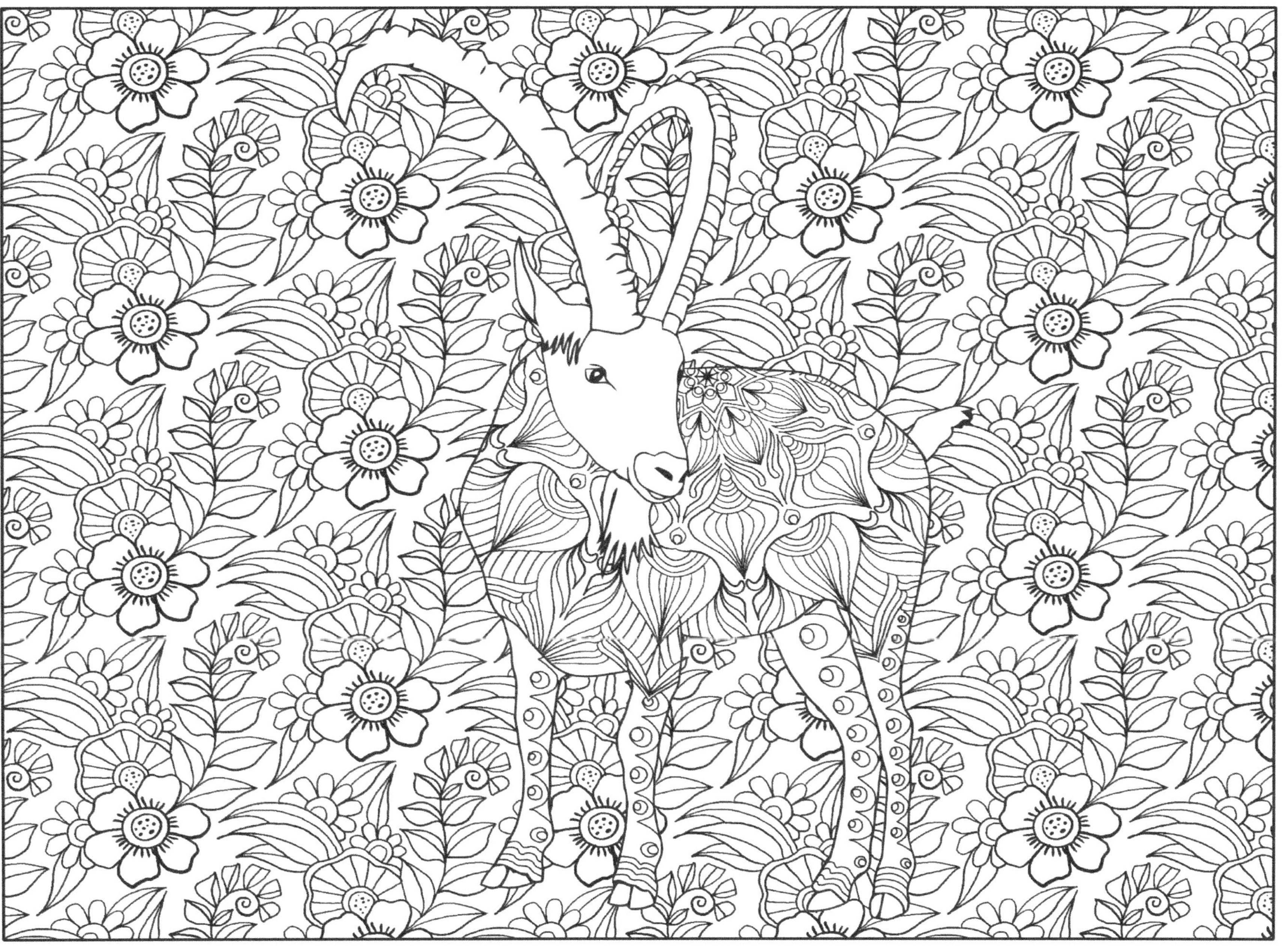

12. GRIECHENLAND

Griechenland liegt im Südosten Europas und zählt tausende von Inseln im Ägäischen und Ionischen Meer. Aufgrund seines großen Einflusses in der Antike wird es oft als die Wiege der westlichen Zivilisation bezeichnet. Griechenlands Hauptstadt Athen bewahrt bis heute historische Wahrzeichen, wie die aus dem 5. Jahrhundert v. Ch. stammende Acropolis mit dem Parthenon Tempel. Griechenland ist auch für seine Strände bekannt, von den schwarzen Sandstränden in Santorini bis hin zum Partyresort Mykonos.

12.1 Santorini

Ein Paradies, wo steile vulkanische Klippen von bunten traditionellen Häusern besiedelt sind, umgeben von tief blauem Meer und mit Stränden übersät von weißem, rotem oder schwarzem vulkanischen Kiesel. Das alles vor einer Sonnenuntergangskulisse in magischen Farbtönen gehüllt.

12.2 Zentaur

Der Zentaur ist eine Kreatur aus der griechischen Mythologie, halb Mensch und halb Pferd. Der Kopf, die Arme und der Oberkörper waren menschlich und an der Hüfte mit dem Körper und den Beinen eines Pferdes verbunden. Diese Kreaturen verkörperten Barbarei und ungezügeltes Chaos und waren häufig als Skulpturen in der griechischen Architektur oder der Keramikdekoration vertreten..

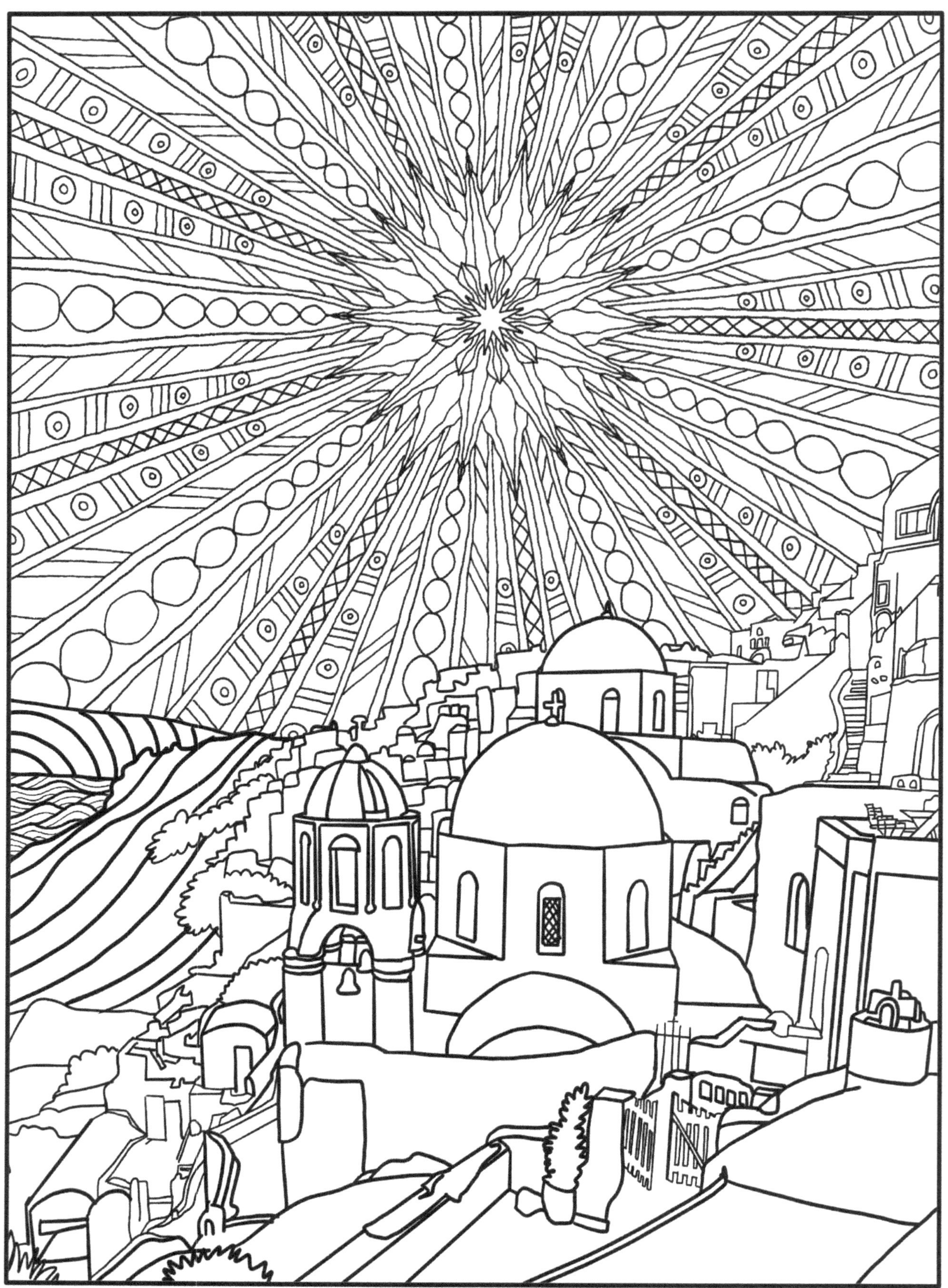

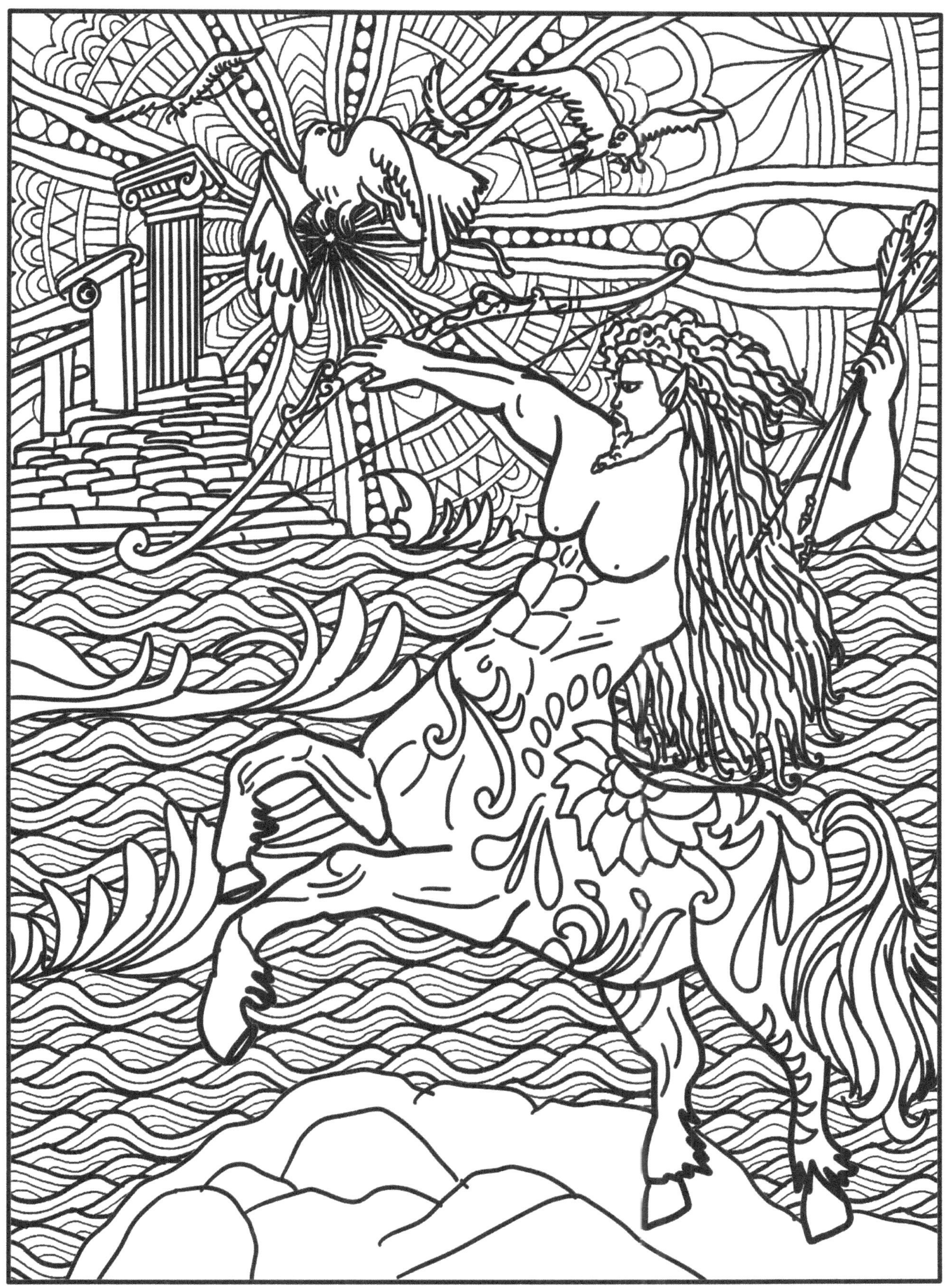